Mi biblioteca de ciencias

¿Qué hay en el menú de la cadena alimenticia?

Julie K. Lundgren

Editora científica:
Kristi Lew

ROURKE PUBLISHING

www.rourkepublishing.com

Editora científica: Kristi Lew

Antigua maestra de escuela secundaria con una formación en bioquímica y más de 10 años de experiencia en laboratorios de citogenética, Kristi Lew se especializa en hacer que la información científica compleja resulte divertida e interesante, tanto para los científicos como para los no científicos. Es autora de más de 20 libros de ciencia para niños y maestros.

www.rourkepublishing.com

La autora quiere agradecerle a Amber Burnett por su información especializada en arrendajos grises.

Photo credits: Cover © Magdalena Bujak, kontur-vid, S1001, Cover logo frog © Eric Pohl, test tube © Sergey Lazarev; Table of Contents © Jens61er; Page 4/5 © Steve Byland; Page 6 © Margaret M Stewart; Page 7 © jennifer leigh selig; Page 8 © (see cover) PILart; Page 9 © Rusty Dodson; Page 10 © PILart; Page 11 © Ozerov Alexander; Page 13 © Gerrit_de_Vries, Oleg Znamenskiy, Andrejs Jegorovos; Page 14 © Jens61er, Wolfe Larry, Vasyl Helevachuk, PILart; Page 15 © Arthur van der Kooij; Page 16 © NOAA; Page 17 © Cindy Haggerty, Andrea Leone, Vebjorn; Page 18/19 © Mauro Rodrigues; Page 20 © vitek12; Page 21 © Tom Mc Nemar

Editora: Kelli Hicks

Cubierta y diseño de página de Nicola Stratford, bdpublishing.com
Traducido por Yanitzia Canetti
Edición y producción de la versión en español de Cambridge BrickHouse, Inc.

My Science Library series produced for Rourke by Blue Door Publishing, Florida

Library of Congress Cataloging-in-Publication Data

Lundgren, Julie K.
¿Qué hay en el menú de la cadena alimenticia? / Julie K. Lundgren.
    p. cm. -- (Mi biblioteca de ciencias)
Includes bibliographical references and index.
ISBN 978-1-61741-745-0 (Hard cover) (alk. paper)
ISBN 978-1-61741-947-8 (Soft cover)
ISBN 978-1-61236-920-4 (Soft cover - Spanish)
1. Food chains (Ecology)--Juvenile literature. I. Title.
QH541.14.L865 2012
577'.16--dc22
                                2011938873
Rourke Publishing
Printed in the United States of America,
North Mankato, Minnesota
091911
091911MC

www.rourkepublishing.com - rourke@rourkepublishing.com
Post Office Box 643328 Vero Beach, Florida 32964

Contenido

Necesidades de los animales

El lugar donde viven los animales es su hábitat. Los hábitats tienen todo lo que los animales necesitan para sobrevivir.

Los azulejos del Este encuentran en su hábitat del bosque sabrosos insectos, larvas y bayas para comer.

5

Los animales necesitan agua, **nutrientes** y un lugar seguro. Ellos encuentran estos elementos **inanimados** en su hábitat. Los animales usan como alimento las cosas vivas o animadas.

Una ardilla descansa en su guarida.

Un alce sediento bebe agua con su cría.

La cadena de la vida

Las plantas crecen. Algunos animales se alimentan de las plantas. Algunos animales se alimentan de los animales que se alimentan de las plantas. La cadena alimenticia enlaza organismos vivos.

El ratón se alimenta de granos. La serpiente coral se alimenta de ratones.

9

Las plantas verdes son **productoras**. Utilizan la energía solar, el agua y el aire para producir sus propios alimentos. Las plantas dan inicio a la cadena alimenticia.

Las plantas necesitan energía solar para producir su alimento.

Los **consumidores** consumen o se alimentan de organismos vivos. Los **herbívoros** se alimentan de las plantas. Los **carnívoros** se alimentan de otros animales.

Prepara el almuerzo:

EN UN SAFARI

¿Qué hay en el menú en las praderas africanas? Las manadas de herbívoros, como los ñus y las cebras, comen diferentes tipos de hojas y hierbas.

Los herbívoros son el alimento de los carnívoros, como leones y guepardos.

Los **omnívoros** son consumidores también. Se alimentan lo mismo de plantas que de animales.

Los zorros rojos son omnívoros. Se alimentan de frutas, ratones, insectos, ranas y conejos.

Un carnívoro es un depredador. Los depredadores cazan y se comen su **presa**. El pez, la foca y el oso polar son depredadores del Ártico.

Prepara el almuerzo:
EN EL ÁRTICO

Los productores del Ártico son plantas diminutas que flotan en el océano. Los camarones se alimentan de estas plantas.

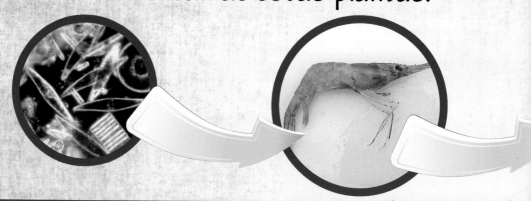

Luego el pez se alimenta del camarón
y la foca se alimenta del pez.
El *oso polar* se alimenta
de la foca.

Al final, volver a empezar

Cuando las plantas y los animales mueren, sus cuerpos se descomponen con la ayuda de **descomponedores**, como las **bacterias** y el moho. Otros animales como las lombrices de tierra y las cochinillas también ayudan a descomponer las plantas y los animales muertos.

Las cochinillas mastican las plantas podridas.

19

Los descomponedores convierten los residuos de la naturaleza en nutrientes del suelo. Las plantas utilizan estos nutrientes para crecer. Así las plantas pueden comenzar la cadena alimenticia de nuevo.

Los hongos, un tipo de descomponedor, recicla nutrientes para una nueva vida.

DEMUESTRA lo que sabes

1. ¿Qué necesitan los animales en su hábitat?

2. ¿Puedes dar un ejemplo de cadena alimenticia?

3. ¿Cómo sería la Tierra sin descomponedores?

Glosario

bacteria: elemento microscópico común que está vivo y
actúa como descomponedor

carnívoros: animales que se alimentan de otros animales

consumidores: elementos vivos que no pueden producir
su propio alimento

descomponedores: diminutos elementos vivos que hacen
que las cosas se pudran y descompongan

herbívoros: animales que se alimentan de plantas y no de
otros animales

inanimadas: sin vida

nutrientes: elementos necesarios para un crecimiento
saludable, como vitaminas y minerales

omnívoros: animales que se alimentan lo mismo de
plantas que de otros animales

presa: animal cazado por un depredador

productores(as): plantas que usan la energía del sol
para elaborar su propio alimento

Índice

Sitios en la Internet

www.animalfactguide.com/

www.ecokids.ca/pub/eco_info/topics/climate/adaptations/index.cfm

www.litzsinger.org/weblog/archives/2005/10/the_hidden_life.html

www.uen.org/utahlink/activities/view_activity.cgi?activity_id=4750

Acerca de la autora

Julie K. Lundgren creció cerca del Lago Superior, donde le gustaba pasar tiempo en el bosque, colectar bayas y ampliar su colección de rocas. Su interés en la naturaleza la llevó a graduarse de biología. Hoy vive en Minnesota con su familia.